18909

ORAISON FVNEBRE

SVR LE TRESPAS DE MONSIEVR DE VILLEROY,

FAITE ET RECITEE A Lyon, le second iour de la presente année 1618.

Par le Pere PIERRE COTON, de la Compagnie de IESVS, Predicateur ordinaire du Roy.

A PARIS,

Chez SEBASTIEN HVRE', ruë sainct Iacques, au Cœur-bon.

M. DC. XVIII.

Auec permission.

AV ROY.

SIRE,

Comme les Roys sont les viues images de la Diuinité, dautant qu'ils representent sa puissance, sapience, & bonté en l'administration des creatures, & au gouuernement de ce monde, ils la doiuent aussi imiter en la recognoissance des merites & remuneration des seruices de leurs fideles subjects. V. M. a receu de Dieu toutes ces louables parties, & depuis peu a tesmoigné la derniere au Decez de feu monsieur de Villeroy, l'vn des premiers, plus anciens, & plus vtiles seruiteurs de sa Couronne. Car outre le vif ressentiment qu'elle a monstré en la perte d'vn si grand personnage, il luy a pleu encore escrire & faire porter de sa part, des paroles de singuliere consolation à son fils vnique le Seigneur d'Halincourt. En quoy V. M. a manifesté trois choses dignes de remarque, son iugement à discerner le merite des personnes: son bon naturel en compatissant auec les plus affligez: & qu'elle est bon maistre enuers ceux qui la seruent fidelement. Et comme ainsi soit que les bons subjects ployent aisément aux inclinations de leur

Prince, le iuste & charitable ressentiment de V. M. joint aux particulieres obligations que i'ay à la memoire du Defunct) a formé le Discours que ie luy presente, & que i'ay prononcé durant la solemnité des obseques & derniers deuoirs qui ont esté renduz à ce Parangon des sages hommes, en vostre ville de Lyon capitale des Prouinces que V. M. a confiees à la conduite & gouuernement de celuy qui a tiré d'vne mesme tige & sa propre substance, & l'hereditaire fidelité qu'il rend à vostre seruice & au bien de vos sujects, le moindre & le plus affectionné desquels est de V. M.

Le seruiteur tres-humble, tres-fidele & tres obeissant.
PIERRE COTON de la Compagnie de IESVS.

MEMORIA IVSTI
CVM LAVDIBVS, ET
nomen impiorum putrescet.

La memoire du iuste sera en benediction; & le renom des meschans pourrira. Prou. chap. 10. v. 7.

QVand le Patriarche Iacob aperceut la robe de son fils Ioseph, teinte au sang d'vn cheureau, cuidãt qu'il eust esté deuoré des bestes sauuages, s'escria, disant: *Descendam lugens ad filium meum in infernum*, Ie descendray és lieux bas vers ma chere progeniture, chargé de larmes, & de pleurs. Et quoy que ses autres enfans s'esuertuassent d'adoucir sa douleur, il se rendoit incapable de consolation. *Noluit*, dit le texte, *consolationem accipere*. _{Gen 37. v. 35.}

Quand Moyse, Legislateur & Lieutenant general des armees de Dieu, deceda sur la montagne de Nebo, les enfans d'Israël le pleurerent trente iours és campagnes de Moab: ainsi qu'il est escrit vers la fin du Deuteronome, *fleuerunt eum filij Israël in campestribus Moab triginta diebus*. _{Deut. 34. v. 8.}

Lors que Saül & Ionathas moururent sur

les hauts lieux de Gelboë, Dauid en estant aduerty prononça d'vne voix lamentable, la complainte qui est descrite au commencement du second liure des Roys.

La mere du ieune Tobie, voyant que le temps estoit passé, auquel son fils vnique deuoit estre de retour, versoit des larmes irremediables, dit le dixiesme chapitre de son Histoire: *Flebat mater eius irremediabilibus lacrymis*, disant, Helas, mon cher enfant! pourquoy t'auons nous esloigné de nous, lumiere de nos yeux, baston de nostre vieillesse, le soulas de nostre vie, & la seule esperance de nostre posterité? *Heu, Heu me fili mi! vt quid te misimus peregrinari, lumen oculorum nostrorum, baculum senectutis nostræ, solatium vitæ nostræ, spem posteritatis nostræ?*

Tob. 10. v. 4.

Trois des plus intimes amys de Iob Eliphaz Themanite, Baaldad Suite, & Sophar Naamatite, voyans ce miroir de patience accueilly de la misere sur vn fumier, deschirerent leurs accoustremens, espandirent de la poudre sur leurs testes, furent sept iours & sept nuicts assis prés de luy sur la terre, sans oser ouurir la bouche pour le consoler, *videbant enim*, dit son histoire, *dolorem esse vehementem*: donnans taisiblement à entendre, que la douleur qui se peut dire, ne se peut dire douleur.

Iob. 2. v. 13.

La nostre, Messieurs, deuroit estre telle sur le subject qui nous tient assemblez en ce

lieu. En mon particulier, i'aymerois trop
mieux, que l'œil me seruist de bouche, la
prunelle de langue, & les larmes de parole,
que de traitter indeuëment ou de la perte
que nous auons faite, ou des merites du
Personnage que nous regrettons.

Il est donc mort l'incomparable de Villeroy : il est donc expiré ! Donc l'Oracle des
Gaules ne parle plus ! Donc le bon Genie
de la France ne se voit plus ! Donc le Caton,
l'Aristide, & le Nestor du Conseil de nos
Roys ne s'entend plus !

*Quis desiderio sit pudor aut modus tam
chari capitis?* ----------
*Ita velut Vileroë cadis rosa matutinis
Imbribus, & lapsis forma cadit foliis.
Heu decus amissum! non te iactabis honore
Gallia, quem tibi mors inuida subripuit*

Il faut bien dire que nos pechez sont en-
trez en consideration deuant Dieu : Il faut
bien que son ire soit rougissante sur nos testes, quand elle nous assenne de tels coups :
ô iour infortuné, mois desastré, ô regreta-
ble Decembre : faloit-il donc conclure
l'annee si tragiquement & auec vne telle
Catastrophe ?

Detournons, Messieurs, detournons nostre veuë d'vn si lamentable objet, du moins
pour quelque temps, autrement, il n'y a nul
moyen de passer outre, nos ames en sont par
trop outrees. On tient que la cendre de la

Vipere bruslee, sert de remede à sa morsure; & que le Scorpion écrazé est le vray antidote de sa picqure, voyons donc si la mort consideree en general, pourra point seruir de contrepoison à la particuliere; & pour ce reuoquons l'hypothese à sa these.

S. Augustin au chapitre dernier du troisiesme liure de la Cité, s'estonne de l'aueuglement des anciens Romains en ce qu'ils mertoient des Deitez follastres presque en toutes choses, voire mesme iusques aux Priuations, encore que formellement considerées, elles ne soyent rien en la nature. Ils auoyent vne Deesse nommée *Febronia*, qui presidoit aux Fiebures; & trois *Parques*, ainsi appellees par antiphrase, c'est à dire, par contrarieté de signification, dautant qu'elles ne pardonnoyent à personne. L'vne, disoyent-ils, porte la quenoüille; l'autre deuide le filet de la vie humaine : & la troisiesme le coupe.

Clotho colum baiulat, Lachesis trahit, Atropos occat.

Autres ont representé la mort en forme de fantosme decharné, qui porte vne couronne en teste, tient la faux d'vne main, & de l'autre vn horologe. Et bien que telles representations soyent receuables, quand elles sont prinses à la façon des Emblemes, & en signification hieroglyphique, par laquelle les Anciens ont voulu denoter l'empire

pire de la Mort sur toutes les choses sublunaires: si est-ce que, parlant proprement, la Mort n'est autre chose qu'vne priuation de vie: tout ainsi que le silence est la priuation du son: les tenebres, priuation de lumiere: l'aueuglement, priuation de faculté visiue. Et consequemment elle n'a point de cause efficiête, ains defaillâte: pource qu'elle n'est pas vn effect, mais vne defectuosité: *Causam non habet efficientem, sed deficientem*, dit S. Augustin, au troisiesme de la Cité de Dieu, chapitre septiesme, *quia non est effectus, sed defectus*.

Ceste doctrine, iointe à la maxime des Philosophes, qui porte que les priuatiõs ne se cognoissent que par les habitudes opposées, nous oblige à considerer combien il y a de sortes de vies au monde, à fin de recognoistre cõbien il y a d'especes de mort.

Les Theologiens, la raison, & l'experiéce nous enseignêt, qu'il y en a de trois sortes, la *Spirituelle, la Corporelle, l'Eternelle*: vie de nature, vie de grace, vie de gloire. De la premiere il est escrit: *Iustus est, & vita viuet*, Cestuy-cy est iuste, sa vie sera viue. De la seconde il est dit: *Factus est homo in animam viuentê*, L'hôme fut faict en ame viuâte. De la troisiesme, nous lisons: *Hæc est vita æterna vt cognoscant te solum Deum verum, & quem misisti, Iesũ Christum*, Ceste est la vie eternelle, qu'ils vous cognoissent seul vray Dieu, & celuy

Ezech. 18. v. 10.

Gen. 2. 7.

Io. 17. v. 3.

que vous auez enuoyé IESVS-CHRIST. D'où s'enfuit qu'il y a auſſi trois ſortes de mort, *La Spirituelle, la Corporelle, l'Eternelle.* De la premiere il eſt eſcrit : *Anima quæ peccauerit, ipſa morietur.* L'ame qui pechera, celle là mourra. De la ſecõde, ſainct Paul dit: *Statutum eſt hominibus ſemel mori.* L'arreſt a eſté donné que les hommes mourront vne fois. De la troiſieſme, le Pſalmiſte a prononcé: *Mors depaſcet eos,* la mort les broutera. Il eſt à noter que la premiere mort a cauſé les deux autres: car Dieu n'a point faict la mort, dict le fils de Syrach, & il ne prend point plaiſir à voir perdre les viuans: *Deus enim mortem non fecit, nec delectatur in perditione viuorum.* C'eſt par vn hõme, adiouſte l'Apoſtre, que le peché eſt entré en ce monde, & par le peché la mort: *Per vnum hominem peccatum in hunc mundum intrauit, & per peccatum mors.* Ce que preſuppoſé, voyons preſentemẽt les effects de cette mort naturelle, qui cõſiſte au diuorce d'entre l'ame & le corps, à meilleure & moins deplorable occaſion nous parlerons des deux autres.

Le premier effect de ceſte ennemie des hommes eſt, qu'elle met diuiſion entre les choſes les plus vnies du monde. Et pour le bien comprẽdre, il faut rememorer, qu'vne choſe eſt liée à l'autre en cinq ou ſix manieres. Ou comme le contenu en ſon contenãt, ainſi la liqueur eſt dans ſon vaſe. Ou com-

Ezech. 18. v. 4.

Heb. 6. 27.

Pſalm. 48. v. 15.

Rom. 5. 12.

me la chose colloquée en son lieu naturel, qui est de *Definition*, si c'est vn esprit, ou de *Circonscription*, si c'est vn corps. Ou comme vn accident en son sujet, propre & inseparable, commun & alienable. Ou, derechef, comme le tout en ses parties homogenées & similaires; heterogenées & dissimilaires. Ou, en fin, cōme la forme en sa matiere. Et s'il aduient, que ceste forme ne donne autre chose que l'estre, comme aux elemens; ou que le croistre, cōme aux plantes & aux herbes, la separation n'en est aucunement doloureuse. Mais quãd la forme communique le sentiment & le mouuement, c'est lors que la douleur suit la diuision, plus ou moins, selon l'excellence de la forme. Car si elle est quantitatiue & espanduë selon l'extension de la matiere, comme il se voit és insectes, & aux animaux qui naissent de pourriture, la dissolution n'en est pas si sensible qu'elle est és animaux plus parfaicts. Mais si ceste forme est toute sous le tout, & toute sous chasque partie du tout, ainsi qu'est l'ame de l'homme, c'est alors que la separation est le ἔσχατον ἐχάτων, le φοβερὸν φοβερωτάτων, *la derniere des dernieres, la terrible des terribles* : d'autant que l'ame raisonable, cōtenāt en eminence tout ce qu'il y a de parfaict és formes vegetantes, sensitiues, & motiues; & d'abōdant, estant cōme il a esté dict, toute sous le tout, & toute sous chasque partie du tout, le di-

B ij

norce n'y peut suruenir, qu'auec vn grand effort, & comme déracinement iusques aux plus petites fibres.

Le second & ineuitable effect de la mort est, qu'elle agit tousiours sans nous donner aucune relache, durāt nostre penible sejour en ce mōde. Toute guerre a ses trefues, toute musique ses pauses, tout labeur son repos: Et n'y a que ceste aueugle Faucheuse qui donne & frappe incessamment sur nous sans parenthese, sans trefue, sans pause & sās repos, en tout temps, en tous lieux, à toutes occasions, à toutes heures & minutes, *Non enim*, dit Seneque, *clepsydram vltima gutta exhaurit, sed quidquid ante defluxit*, ce n'est la derniere goutte d'eau, ny les penultiesmes grains de sable, qui espuisēt l'horologe, ains tout ce qui s'est auparauāt escoulé. Ne plus ne moins donc que quād le soleil surgit sur l'horizon, à mesure qu'il s'aduāce, il tend à son couchant: & cōme les flambeaux consument leur cire à proportiō de ce qu'ils esclairent: ainsi nostre vie se maintient en se destruisant, & se destruit en se maintenant: ou, pour mieux dire, elle n'est qu'vn vol au cercueil & vne course d'indicible vistesse du berceau iusques au tombeau, & depuis le ventre de celle qui nous engēdre iusques au sein de nostre commune mere. D'où vient que sainct Gregoire le grād appelle nostre demeure sur terre *prolixam mortem*: & sainct

Auguſtin ne ſçait qu'elle difference il doit mettre entre la vie & la mort. Ce que Thales le Mileſien auoit auſſi eſtimé lōgues années auparauant: & quand on luy repliqua, pourquoy il ne mouroit donc, puis qu'il y a ſi peu de difference entre viure, & mourir; auſſi fais-ie, dit-il, & lors ie lairray de mourir quant ie lairray de viure. Pour ceſte meſme raiſon, quelques Poëtes Grecs ont cōparé la vie de l'homme à celle de l'Ephimere petit animal qui naiſt ſelō Ariſtote au Boſphore Cymmerien, lequel a ſon adoleſcence au matin, ſa maturité d'aage au mydi, ſa vieilleſſe ſur le veſpre, & ſa derniere fin au coucher du Soleil, Βροτειον σπερμα εφημερα φρονω̄.
Καὶ πιϛὸν οὐδὲν μᾶλλον ἢ κατ' ηὖ σκιά.

Quelques autres ont parangonné la vie humaine aux bouteilles, qui paroiſſent ſur les ruiſſeaux quand il degoute. Πομφόλυξ ἄνθρωπ©, dit le prouerbe : *Homo bulla*. Autres encores ont dit, que le corps de l'hōme eſt vrayemēt vn Σῶμα Σῆμα, c'eſt à dire, auſſi toſt vn Sepulchre qu'vne naturelle demeure

Ce que tu vois de l'homme n'eſt pas l'homme:
C'eſt la priſon où il eſt enferré:
C'eſt le tombeau où il eſt enterré:
Le lict branlant où il dort vn court ſomme.

Pindare le dit mieux que tous, τί δέ τις τί δὲ οὔτις, σκιᾶς ὄναρ ἄνθρωπ©, comme s'il diſoit: Qu'eſtce qu'il importe d'eſtre ou de n'eſtre pas? l'hōme n'eſt que le ſonge d'vne ombre.

B iij

Or bien que ces manieres de parler nous descouurent fort clairement, combien c'est peu de chose que nostre vie, si est-ce qu'elles ne suffisent pas à nous representer l'incōparable velocité, auec laquelle nous allōs à la mort. On le peut mieux recognoistre par le flux imperceptible du temps. Car cōme ainsi soit qu'il n'est autre chose, selō Aristote, que le denombrement du mouuemēt, il le faut estimer par celuy qui est le mieux reglé & le pl⁹ viste de tous, sçauoir est du premier Mobile. Selō les Astrologues, il est notoire que l'vne des estoilles qui sont dessous l'Equateur, fait à chasq; heure du iour vingt & vn million, cent & nonante neuf mille, deux cens & quarante lieuës. Ce que consideré, quel Espreuier, quel Gerfaut, quel Sacre, à tire d'aile alla iamais si viste? quelle bouche de Canon enuoya iamais sa balle auec tāt de roideur? O moissonneuse de nos iours! ô faucheuse de nos vies! fiere & implacable Megere, qui croiroit iamas qu'vn bras descharné, comme le tien, fust d'vne si grande force? Et iusques à quand, ô felonne Bellonne, feras-tu brandir si furieusement ton cimeterre sur nos testes? Manger tousiours & tousiours estre affamée! Boire tousiours, & tousiours estre alterée! Deuorer tousiours & tousiours estre en toy descharnée & sur nous acharnée! ne sont-ce pas des prodiges? Que si tu te contentois du moins

Tempus est numerus motus secundum prius & posterius. Arist. 4. Phys.

d'agir côtre nous par voye de nos ennemis, tes violences seroyent plus supportables, & il y auroit quelque ordre en ton desordre: Mais tu te sers (traistresse) de nous contre nous, tu employes la chaleur naturelle pour côsumer l'humidité radicale qui nous sou-stient, & cette mesme chaleur est chasque iour diminuée par la reaction de l'aliment qui nous deuroit seruir de nourriture; de-là nos rides, de-là le poil chenu, de-là l'incurable vieillesse.

Inde senilis hyems tremulo venit horrida passu.
Vieillesse qui nous faict payer les rigoureuses vsures & les cruels interests de toute la vie passée: car c'est lors que le cerueau distille, le cœur s'alâgourit, le frôt & les sourcils s'affaissisent, la veuë s'affoiblit, l'oreille s'endurcit, l'haleine deuient puante, les yeux chassieux & le dos vouté, les ioües pédillent, la teste branle, les cheueux tombêt, les dêts pourrissent, les pieds & les mains se noüent, les iambes tremoussent, la poictrine se glace, bref toute la personne tient plus de simulachre, & de l'anatomie que de l'homme,

Mais que dirons nous, si nous iettons les yeux de consideration sur les accidens violents, qui preuiennent la dissolution naturelle & antidatent inopinement l'arrest de nostre mort? Sophocle meurt de ioye pour auoir emporté le prix des compositiôs tragiques. Dioscore expire de douleur pour n'auoir sçeu respódre à vn Sophisme qui luy fut proposé. Cesar preteur rend l'ame en se chauffant. Lepidus donnant du pied contre le sueil de sa porte. Torquatus en mangeant d'vn gasteau. Decius Scapula en disnāt. Sapheïus en souppant. Medicus Valla beuuāt du moust. Vn autre Sapheïus humāt vn œuf. Anacreon fut estrāglé d'vn pepin de raisin, Fabius Maximus d'vn poil de teste qui se trouua dans vne escuellée de laict. Platon estant à des nopces. L'orateur des Rhodiēs ayant harangué deuant le Senat de Rome finit sa vie auec son oraison. Foulques Cóte d'Aniou se tua courant vn lieure. Philippe fils de Louys le Gros en tombant de cheual: le Cardinal Colomne viceroy de Naples expira entre les bras d'Augustinus Niphus, le premier philosophe de son temps, pour auoir mangé des figues raffraischies dans la glace. Les vns finissent leurs iours en l'air, comme Absalon; les autres en l'eau, comme Herodiade: autres sōt engloutis de la terre, comme Choré, Dathan & Abiron; autres sont deuorez des flammes, cōme les cinquanteniers d'Achab. Autres sont occis par les bestes sauuages, comme les quarante deux enfans de Bethel. Autres sont consommés par le feu du Ciel, ou emportez du tonnerre, comme Tullus Hostilius & l'Empereur Anastase. Mais quād tous ces moyés

man-

manqueroyent à la mort.

Toute main luy est bonne, Errie meurt par sa Mere.

Par sa femme Alboin: par les siens Arison:

Baiazet par son fils: Mustapha par son pere: Par son frere Conrad: par soy-mesme Caton.

Et derechef, quand les outils domestiques luy defaillent, elle a trois fleaux, par lesquels la diuine Iustice chastie les pechez qui regorgent communement sur terre, l'auarice par la guerre, la gourmandise par la famine, & la luxure par la contagion des corps: fleaux qui s'entresuyuent pour l'ordinaire: car le premier empesche la culture, le second remplit les corps de mauuais suc, le troisiesme engendre l'infection.

En la guerre des Iuifs sous Tite & Vespasian moururent, ainsi que le rapporte Iosephe, *Duodecies centena, & quadraginta millia*, vn million, deux cens & quarante mil hommes. En la seconde guerre Punique, au rapport de l'Histoire Romaine, *quindecies centena millia*, quinze cens mille hommes, ou, vn million & demy. Iules Cesar escrit, qu'il fit passer par le tranchant de l'espée, *vndecies centena & nonaginta duo millia*, qui veut dire pres de douze cens mille Gaulois. Pompée quelques annees auparauãt, auoit fait grauer à l'entrée du Temple de Minerue, *cæsa à se, fugata, in deditionem accepta vicies*

C

semel centena & octoginta tria millia, Qu'il auoit fait mourir, mis en defroute, receu à mercy vingt fois cent mille, c'est à dire, deux millions quatre vingts & trois mille hommes. Et bien que ce nombre soit prodigieux, qu'est-ce en comparaison du carnage, qui s'est fait au transport des Monarchies? Vray Dieu, que de Carcasses firent blanchir les campagnes: que de sang humain pourpra les villes & riuieres, lors que l'Empire fut transferé des Chaldæans aux Babyloniens: de ceux cy, aux Medes: des Medes, aux Perses: des Perses, aux Grecs, & des Grecs, aux Romains! Et plus en particulier, lors que l'Afrique fut enuachie par les Vvandales, l'Asie par les Tartares, l'Egypte par les Cerasses, l'Espagne par les Mores, l'Angleterre par les Pictes, la France par les Anglois, l'Italie par les Lombards, Huns, Gots, & Vvisigots, pour ne rié dire des Guelphes & Gibelins, & d'autres factions, qui ont pullulé & prouigné depuis en l'Europe.

La guerre, apres auoir desolé les campagnes, tire apres soy, comme il a esté dit, la famine. Or elle fut telle du temps de l'Empereur Honorius, qu'il entendit vn iour par les ruës ceste voix: *Pone pretium humanæ carni*, Ordonnez que la chair humaine soit exposée en vente; que l'on sçache, comme l'on faisoit autresfois de la chair des bœufs

& des moutons; à combien celle du gentil-homme, & celle du roturier; à combien celle du ieune, & celle du vieillard. Ce qu'Honorius refusa de faire, auoit esté pratiqué par les Numantins, lors que Scipion les tenoit assiegez: car ils alloyent à la chasse des Romains, comme l'on iroit à celle du gibbier. Chacun sçait comme durant le siege de Hierusalem, il y eust des meres qui mangerent leurs enfans, & comme dans Samarie la teste d'vn Asne se vendoit quatre-vingts sicles, & la quatriesme partie d'vne mesure de fiente de pigeon, cinq pieces d'argent.

Quant à la Contagion, elle fut si grande sous l'Empire de Iustinian, que les viuans n'estoyent bastans à enseuelir les morts, ὥϲτε ἀδυνατεῖν τοὺς ζῶντας ταφῇ παραδιδόναι τοὺς θνήσκοντας. Ah! que le Roy Xerxes fils de Darius & petit fils de Cyrus eut grande raison de pleurer & larmoyer tendrement, ainsi que le rapporte l'Orateur Romain, lors qu'il veid d'vn lieu eminent à l'entour de soy dix-sept cens mille combatans, & consideroit que dans l'interualle de cent années, aucune de ce grand nombre de testes qu'il apperçeuoit, ne seroit sur la terre.

Mais à quoy nous amusons nous? A quoy nous arrestons nous? quelle de ces testes estoit comparable à celle que nous regrettons? & combien en faudroit-il de telles, pour en faire vne semblable à celle de l'incomparable Villeroy? Grande fut à Thebes la gloire d'Epaminondas ; grande à Lacedemoine celle d'Agesilaüs; grande en Athenes celle de Themistocle, notamment apres la victoire qu'il remporta sur le Roy de Perse au destroit de l'Hellespont; grande celle des Scipions surnommez à Rome, *Duo fulmina belli*; grande celle des Æmiles, Metelles & Luculles: non moindre celle d'Aristide en la mesme ville d'Athenes, de Lycurgue à Lacedemoine, & de Caton à Rome. Or pas vn d'eux n'est preferable, & peu d'entre eux sont comparables à celuy dont nous souspirons l'absence, & celebrons la memoire. Retournons donc à luy, puis que nous auōs eu loysir de reprendre nos esprits durant ce general traicté de la mort, laissons la these, & reuenons à l'hypothese : Rememorons les graces qu'il a pleu à Dieu de luy faire. *Sacramentum regis*, dit vn Archange, *abscondere bonum est, opera autem Dei reuelare & confiteri honorificum*: il a esté secret & fidelle à nos Roys : monstrons comme Dieu a esté liberal en son endroit. Ce faisant nous imiterons, non les declamations panegyriques des Rhetoriciens, ains les discours serieux des saincts Peres, Gregoire de Nazianze en l'Oraison funebre sur sainct Basile: S. Ambroise sur le trespas de Theodose & de Valentinian Empereurs, & sur celuy de son

Tob. 12: *vers.* 7.

propre frere sainct Satyre: de sainct Hierosme sur le decez de Paule & de Blesille : de sainct Bernard aux obseques de son frere Gerard; & de plusieurs autres qui nous ont laissé par escrit les éloges des hommes illustres; & côme ainsi soit qu'il y a quatre sortes de biens, de l'ame, du corps, de l'hôneur, & de la substance vulgairement appellée fortune, voyons les liberalitez que le Ciel a versé sur cet Oracle d'Estat, & sur sa tres-illustre posterité,

Commençans donc par son extraction, i'aduoüe que.

---- *genus & proauos & quæ non fecimus ipsi*
Vix ea nostra voco. ----

Mais on ne peut aussi nier que.

Fortes creantur fortibus & bonis.
Est in iuuencis, est in equis patrum
Virtus, nec imbellem feroces
Progenerant aquilæ columbam.

Parquoy voyons quels ont esté ses Ancestres, puis que en matiere de vertu.

Et pater Aeneas & auunculus excitat Hector.

Il eut pour grand Pere Messire Nicolas de Neufuille, Cheualier, Seigneur de Villeroy & Chantelou, qui fut doüé de telles & si loüables qualitez, que le Grand Roy François premier le choisit pour son Secretaire d'Estat. Sa Majesté en fut seruie si fidelemêt qu'il ne l'abandonna iamais, car il la suyuit és voyages d'Italie, & fut pres de sa person-

C iii

ne iusques à la bataille de Pauie, où le funeste accident de la prinse du Roy estant suruenu, il reuint en France faire sa charge aupres de la Royne regente Mere du Roy, laquelle ayant recogneu sa suffisance, dexterité, & capacité, se seruit de luy au faict de la pacificatiō, & retour de sa Maiesté, qui l'ayma depuis encore plus qu'auparauant. En preuue dequoy il prenoit souuent son repas en deux belles maisons qu'il auoit faict bastir, l'vne pres du Louure, qui est auiourd'huy l'Hostel de Longueuille, & s'estēdoit alors iusques au bout de l'isle vers Bourbō, l'autre aux Tuilleries. Il accompagnoit ses actions exterieures d'vne singuliere pieté & integrité. Car en suitte d'vn vœu qu'il auoit faict en Italie, il fit bastir à Chātelou le monastere de l'Annonciade, pour des religieuses de saincte Claire, qu'il y establit. Et afin de porter la pieté encore plus auant que sa propre maison, nonobstant ses grandes & serieuses occupatiōs, il voulut estre Recteur Administrateur & intendant du grand Hostel Dieu de Paris en faueur des Pauures. Et cōme ainsi soit que Dieu recompense, voire mesme en ce Monde, les bonnes œuures, il luy fit la grace de paruenir à vne longue & verte vieillesse, laquelle fut suyuie d'vne belle & plus heureuse mort. Il laissa deux enfās, l'aisné fut messire Nicolas de Neufuille, Cheualier des Ordres du Roy, Seigneur de

Villeroy, Halincourt, & Magni, Lieutenant general pour sa Maiesté au Gouuernement de l'isle de France.

Ce personnage se fit aymer d'vn chacun par le moyen de quatre belles qualitez naturelles: car il estoit affable, officieux, liberal & nullemēt mesdisant: ains ne pouuoit souffrir les detracteurs, de sorte que l'on pouuoit dire de luy ce qui estoit escrit à l'entrée du lieu, où sainct Augustin prenoit sō repas.

Si quis amat dictis absentum rodere vitam,
Hanc mensam vetitam nouerit esse sibi.

Et comme il auoit l'ame bien composée, & toute harmonique, il se plaisoit grandement à la musique, aux bastimens, & à viure splendidement,

De ceste noble & tres-illustre tige sortit celuy duquel nous traictōs, qui fut Seigneur de Villeroy, d'Halincourt, de Magni, & Buri, duquel i'aurois à dire des choses si grādes en substance, quātité & qualité, que le iour me defaudroit si ie les voulois toutes parcourir: ie toucheray seulement les principales & plus signalées, selon qu'elles me viendront en memoire. Ce neantmoins pour y garder quelque ordre, il est bon de commēcer par son education. Car comme dist Aristote, οὐκ ὀλίγον διαφέρει τὸ οὕτως ἢ οὕτως ἐκ νέων ἐθίζεσθαι ἀλλὰ πάμπολυ μᾶλλον δὲ τὸ πᾶν. L'adolescence est vn terroir qui rend le fruict que l'on y seme: moulin qui faict farine de ce que l'on y iette: table d'attente qui reçoit toute sorte d'impressiō. Il eut donc pour instituteurs & catechistes en ce qui est de la Royalle science de l'Estat, le Seigneur de l'Aubespine, premier Secretaire des cōmandemens, & Monsieur de Moruilliers Garde des seaux de France. Le premier voyant ce ieune homme de bel esprit, de noble extraction, de iugemēt exquis, & qui promettoit de soy choses grandes, quoy qu'il ne fust lors aagé que de dix-huict ans, luy donna sa fille aisnée en mariage, & par mesme moyē, ce qu'il auoit de science & d'experience en la conduite des affaires. Le second estoit l'vn des hommes de bien qui fussent en France, & possible en tout le reste de la Chrestienté, selon sa profession, comme il tesmoigna, quand pressé de ceder à la faueur du temps, il ayma mieux quitter les seaux que de brescher la Iustice, ternir le lustre de son integrité, & faire chose aucune contre sa propre conscience; & de luy se disoit à bon droit:

Si fractus illabatur orbis,
Impauidum ferient ruinæ.

La maison de ces deux grands personnages estoit vne Academie d'honneur. Là, feu Monsieur de Villeroy fit son apprentissage, auec vn tel progrez de vertu, que tout ieune qu'il estoit, il fut enuoyé en Espagne, touchant quelque reste des affaires passées
entre

entre les deux Coronnes. Puis il fut à Rome sous le Pontificat de Pie IV. lors que la presseance fut adiugée par sentëce du Siege Apostolique à nos Roys (côme aux Aisnez de l'Eglise) sur tous les autres Roys & Potentats apres l'Empereur.

Le Roy François II. estant decedé, son successeur Charles IX. print ce ieune seigneur en telle affection, qu'il le nomma Secretaire d'Estat l'an 1566. Et ce fut lors que l'on vid le Pere, le fils, & le beaufils exercer les mesmes charges, sçauoir est, ledit seigneur de l'Aubespine son fils aisné, & le seigneur de Villeroy son gendre. L'année d'apres qui fut 1567. il pleut au mesme Roy & à la Royne sa mere de declarer leur particuliere bien vueillance enuers ce leur nouueau Secretaire, lors qu'ils tindrent à baptesme le fils qui luy nasquit; & c'est d'où vous tenez, Mõseigneur, le nom tres-auguste de Charles.

Depuis sa Majesté voulãt traitter d'alliance auec l'Empereur, enuoya monsieur de Villeroy en Allemaigne, pour demãder Madame Elizabet d'Autriche, fille de Maximilian second, laquelle fut Royne de France & l'exemplaire de toute vertu. Ie ne finirois iamais si ie voulois specifier toutes les marques de faueur singuliere que ce Monarque dõnoit à l'endroit de ce sien tant affidé seruiteur, iusques à luy faire escrire vn liure de la chasse, qu'il composa, & le luy dicta: liure

D

qui eſt demeuré entre les papiers de ce Seigneur cōme vn depoſt de l'affection de ſon cher Maiſtre, lequel venāt à deceder au bois de Vincennes, eut memoire de luy en mourant, demanda où il eſtoit, & fut marry de ſon abſence, ne ſe ſouuenant pas qu'il l'auoit enuoyé en Languedoc, pour y pacifier quelques émotions, ſuruenues parmy ceux de la religion pretenduë reformée.

Le Roy Henry troiſieſme venant à la Coronne, & ſçachant la ſuffiſance de cette ſage teſte, luy mit les affaires en main, voulut qu'il accompagnaſt la Royne ſa mere, quād elle trauailla pour ramener à leur deuoir Monſieur, lors Duc d'Anjou, & le Roy de Nauarre. La charge de Monſieur de la Sauue venant à vaquer, ſa Majeſté l'vnit & incorpora à celle de Monſieur de Villeroy: i'aſſeureray à ce propos, qu'à peine pourroit-on expliquer de parole auec quelle dexterité, & prudence ce perſonnage demeſla les affaires de France, qui eſtoyent alors grandement embroüillees: car les difficultez prenant nouuel accroiſſement de iour à autre, il prediſoit les euenemens, comme qui voit naiſtre & venir le Maſquaret ſur la Garonne, qui eſt la meſme ſimilitude, que i'ay ouyé de ſa bouche. Tant qu'il y fut, les affaires ſubſiſterent: n'y eſtant plus, l'euenement monſtra qu'elles ſe reſſentoyent de ſon abſence.

Apres le tragique trespas de ce Prince, suruint Henry le grand, d'heureuse & immortelle memoire, lequel à son aduenemēt ne manqua d'appeller celuy qu'il cognoissoit, & par le sens commun de toute l'Europe, & par la clarté de son iugement, & par sa propre experience, estre l'vn des plus dignes hommes du monde, Il iouyssoit dés lors du benefice de la trefue moyennee & pratiquee par son industrie. Trefue qui rēdit la France au Roy, & le Roy à l'Eglise. Dés lors les volontez & le iugement de ce grand Roy furent tellement vniz à ce qui sembloit bon à monsieur de Villeroy, qu'il se peut dire, Que sa Majesté n'a resolu depuis presque chose aucune de consequence, qui ne fust conforme aux aduis de celuy qu'il tenoit estre l'ame de son conseil. Par son entremise, la Paix de Veruins se fit auec des aduantages si grands, qu'ils surmōtoiēt les communes esperances & apparences.

La resolution du mariage, auec la tres-illustre, tres-belle & tres-vertueuse Princesse de Florence, se fit en l'vne de ses maisons. Mariage qui a porté autāt de benedictions que ceste grande Royne a donné d'enfans à la France. La guerre de Sauoye se fit en mesme temps, le Roy s'y achemina pour recouurer les terres & l'honneur que l'estranger enleuoit & detenoit à la France. Il y suiuit sa Majesté, quoy que sexagenaire,

D ii

parmy les neiges & frimats, & au retour sa M. le laissa en ceste ville auec l'Illustrissime Cardinal Aldobrandin, nepueu & Legat *à latere* de nostre sainct Pere Clement VIII. pour conclure la paix & faire l'eschange du Marquisat de Salusses auec la Bresse.

Peu apres leurs Majestez furent en Lorraine. Et c'est là, où par l'aduis du mesme, le Roy se resolut d'appeller à soy deux de nos Peres, l'vn desquels a demeuré pres de sa personne & l'a seruy tant d'annees, en qualité de Confesseur & Predicateur ordinaire. L'an 1603. nostre Compagnie fut restablie, & monsieur de Villeroy en dressa les articles auec monsieur de Messes, dont l'Edict en fut expedié la mesme année au mois de Septembre. Le bien qui s'en est ensuiuy est mieux en vos pensées, qu'il ne seroit en ma bouche. L'année 1605. monsieur de Villeroy estant frappé d'vne dangereuse maladie, le Roy dit ceste parole, que ie tiens estre vn immortel Eloge, ou comme l'on dit, *Monimentum ære perennius*, Ie ne sçay quelle des deux vies est plus necessaire au bien de mon Estat, la mienne, ou celle de monsieur de Villeroy. Retourné à conualescence, sa Majesté entreprint les voyages de Limoges & de Sedan, afin de ramener l'vn de ses subjets à son deuoir. Ce fut lors que s'abouchant auec monsieur de Villeroy, en vn lieu qui est entre Duncheric

& Sedan, quelqu'vn representa au Roy que l'esprit de ce seigneur estoit difficile à manier. A quoy sa Majesté respondit, il a affaire à monsieur de Villeroy, qui est vn rude lancier : parole que i'ouys de sa bouche. Vne autrefois le Roy estant à Monceaux, & s'estant leué de grand matin pour aller au promenoir, il passa deuant le pauillon où logeoit monsieur de Villeroy, lequel sortit soudain à sa voix auec sa robe de chambre, receut le commandement qu'il pleut au Roy de luy faire ; & s'estant retiré, sa Majesté me dit, Cet homme là trauaille tousiours, & ne se lasse iamais de bien faire. Vn autre iour estant à S. Germain en Laye, d'où monsieur de Villeroy auoit esté absent de quelque petite indisposition ; à son retour, le Roy allant à la Messe me dit, nous auons fait plus d'affaires ce matin depuis le retour de monsieur de Villeroy, que nous n'auions fait en trois sepmaines auparauant. Dequoy parlant vn iour auec quelque Prince, il repliqua fort à propos, disant, il ne s'en faut estonner : car les affaires de France sont les affaires de monsieur de Villeroy, c'est son œuure, c'est son ouurage, il pert le dormir là dessus, il y pense, comme vn autre feroit sur son pré, sur sa vigne, & sur les affaires de sa maison. O combien heureux sont les souuerains qui ont de tels Officiers sur lesquels leur Estat se peut ap-

D iij

puyer, & eux mesmes se peuuent, quand il leur semble bon, reposer. Ce sont graces signalées que le Ciel enuoye sur les Royaumes qu'il veut fauoriser.

Le lamentable decez de ce grand Monarque la merueille des Roys estant suruenu, bien en print à la Royne sa chere espouse, de trouuer cet hôme pres de soy, lequel aussi tost accourut à sa Majesté, la suppliât d'essuyer ses larmes, & de penser à sauuer l'Estat qui periclitoit, & soudain s'appliquant à l'œuure sous les auspices de cette grande Princesse, l'on y dôna tel ordre que les peuples furent contenus en obeyssance, & les plus grands en leur deuoir : Alors on recogneut que

Les Villeroys sont comme ces gros termes,
Ou forts piliers qui seruent d'arcs-boutans,
Pour appuyer contre l'effort du temps
Les hauts estats & les rendre plus fermes.

Quand le Soleil se couche il laisse apres soy vn Crepuscule qui dure vne ou deux heures notamment en esté : ainsi apres l'occidêt de ce grand Roy qui estoit le soleil des Princes de la terre, nous eusmes deux ou trois années de repos. Et chacun sçait que si és premiers mouuemês l'aduis de la Royne Mere & le sien eussent este suyuis, l'on estoufoit le mal en sa source, & l'ô obuioit aux desastres qui ont suyui depuis. Ce fut aussi alors, que monsieur de Villeroy estant tombé malade, sa Majesté qui a tousiours veillé pour le bien de la France, dit tout haut qu'elle aymeroit mieux perdre vn doigt que s'il mes-aduenoit de cet homme.

Quelque temps apres le Roy prenant les resnes de l'Estat & le timon de ses affaires en main, voulut estre secondé de celuy qui auoit si dignemẽt serui ses Ancestres. Et c'est en ce dernier employ qu'il a pleu à Dieu le cueillir & accueillir à soy ! Mais auant que ie die cõment, n'est il pas raisonnable de marquer par quels degrez il est paruenu à vne si heureuse fin?

Tout premierement, il estoit tresgrand catholique. Ce qui apparut lors que l'illusion fut si extrauagante du temps du colloque de Poissi, que pour estre estimé de bel Esprit il faloit aller à la presche. Coqueluche d'orgueil qui dura quelque tẽps, & enleua toutes les ames superbes. Car la noueauté iointe à la legereté françoise, & l'vn & l'autre à la vanité, tous les esprits Narcisses & amateurs d'eux mesmes donnerent à la trauerse: luy au contraire persista ferme & immobile en la creance de ses Peres, ayant pour sa deuise le dire des Vincens de Lerins. *Quod vbique, quod ab omnibus, quod semper.* CE QVE TOVSIOVRS, CE QVE DE TOVS, CE QVE PAR TOVT. Et c'est l'vne des principales raisons pourquoy le feu Roy Charles IX. l'aymoit si tendrement, comme estant l'vn des plus zelez Princes qui iamais ayent esté au monde.

Henry III. à cause de la pieté qu'il recognoissoit en cette ame d'eslite, voulut aussi qu'il fust de la cōpagnie des Penités, laquelle il institua au bois de Vincennes. Là voirement il assistoit aux deuotiós du Roy, mais c'estoit en faisant tousiours sa charge, & soustenant le faix des affaires: *Que vostre Maiesté se souuienne*, luy dit-il vn iour, *Q'uelle n'est pas tellement frere Henry, qu'elle ne soit Henry troisiesme.* La deuotion est bonne, pourueu que l'on n'obmette ce qui est d'obligation.

La premiere action de ce grand homme d'Estat estoit d'assister à la saincte Messe tous les iours, menāt, à cet effet, partout son Aumosnier auec le surplus de sa famille. Messe qu'il entendoit à deux genoux, sans tourner la face nulle part: & comme il commençoit la iournee auec le diuin sacrifice, il la terminoit auec l'office des Religieux, ie dis le grād office, qu'il recitoit tous les iours. Aux bonnes festes, & quand il deuoit faire son bon iour, il se retiroit ez monasteres, & le plus souuent chez les reuerēds Peres Minimes, auec lesquels il auoit son departemēt au bois de Vincennes. Là il assistoit aux heures Canonicales tāt de iour que de nuict & passoit ainsi les grandes Festes en silence & solitude. C'est la coustume de ceux qui ont vogué long temps sur la mer, de prēdre

terre

terre, faire aigade, se charger de biscuit, empoisser, & gradaner leurs vaisseaux, puis démarer vne autrefois, & combattre auec plus de force les orages ; ainsi les bons & beaux esprits, qui s'employent és affaires du monde(& sur tous ceux qui en tiennent le timon) ont besoin de se recueillir en tēps en quelque haure de deuotion, pour y reprendre leurs saines affectiõs, fortifier leurs resolutions, & se munir des dons du sainct Esprit contre les tempestes du siecle, qui ne sont moindres que celles d'vn ocean courroucé, s'il est vray, comme le dit sainct Bernard, que *in mari Massiliæ de decem nauibus vix vna perit: In mari huius mundi de decem animabus vix vna saluatur,* en la mer de Marseille de dix nauires à peine s'en pert vne ; en la mer de ce monde, de dix Ames à peine vne se sauue. Sa deuotion dõc particuliere estoit enuers la famille de sainct François de Paule, qu'il a renduë depositaire de sa conscience, viuant & mourant, qu'il a obligée de ses bien-faits à toutes occasions, & recemment encore par vn remarquable legat, porté en son dernier codicille. Aussi a-il voulu que ses funerailles se fissent en leurs Eglises : qui est la mesme raison pour laquelle, M. vous auez choisi celle-cy pour luy rendre les supremes tesmoignages de vostre affection.

Vous n'estes pas seuls mes Reueréds Peres en l'obligation que vous recognoissez d'a-

E

uoir à sa memoire, tous les bons Religieux y ont part auec vous. Car ie puis tesmoigner de n'auoir iamais veu aucun, portant l'habit des seruiteurs de Dieu, venir vers luy, qu'il de l'ayt accueilly charitablement, ne l'ayt assisté, & n'ayt appoincté sa requeste, si elle estoit iuste & raisonnable. Nostre Cõpagnie en fera vne peremptoire preuue à tous ceux qui voudront rememorer, comme par son conseil, Henry le grand fit l'Edict de nostre restablissement, & comme depuis nous n'auons eu aucune affaire difficile qui ne se soit terminée par son entremise. Ie l'ay experimenté durant quatorze ou quinze ans, & peux dire que nostre Societé est l'vne de ses progenitures spirituelles apres Dieu & la bien-vueillance de nos Roys.

Ses aumosnes communes se voyoyent à sa porte, où elles se faisoyent tous les iours l'aprés-disnée, mais les secretes estoyent bien autres en quantité & en qualité: Deux articles ne veux-ie obmette; l'vn de cent mille escus que le feu Roy donna par son aduis au College de nostre Compagnie à la Fleche; & quarante mille liures de rente annuelle assignée sur le sel, à l'Hospital sainct Louys à Paris.

Or cõme sa charité exterieure paroissoit en ces choses, l'interieure se manifestoit au pardon des iniures: *Il ne m'aduiendra iamais de m'en venger*, me dit-il vne fois, parlant d'v

ne extréme ingratitude, dont on auoit vsé en son endroit. Autrefois il disoit, *Ie remets tout cela à Dieu.* Vertu Chrestienne, qui prouient de la grace, & ne peut partir que d'vne grãde generosité de courage, s'il est vray que
 Fortior est qui se, quàm qui fortissima vincit Mœnia, nec virtus altius ire potest.

Generosité que i'ay obseruée en deux autres choses, lesquelles meritent d'estre grauées en nos memoires & inserées dãs les Annales, pour seruir d'instruction à la prosterité. C'est qu'estant aduerti de quelques libelles difamatoires qui n'espargnoient la reputation de personne, il respondit & prononça cet apophtegme: *La calomnie est vn demon qui ne se dompte que par le mespris.* Et parlant de ce mesme sujet vne autrefois, il me dit: *Il faut tousiours bien faire, & laisser dire. Quant aux impressions, le papier souffre tout*: puis apporta l'exẽple du grãd Cardinal de Lorraine, lequel au commencemẽt de nos troubles trouuoit presque tous les iours sur la toilette, à son reueil, quelque papier volãt, chargé d'iniures & menaces, dequoy il ne se faisoit que rire.

L'autre chose memorable que i'ay remarquée en luy, est, qu'ayant esté chery de cinq Roys, conuersé familieremẽt dans leurs cabinets l'espace de cinquante cinq ans, administré les principales affaires du Royaume cinquante & trois années, & manié si long temps le Taillon qui sert au paye-

E ii

ment de la gēdarmerie, il ne s'est trouué riche que du biē de ses peres, sans auoir faict aucune acquisitiō nouuelle, que de la terre & baronnie de Buri, laquelle encore auoit esté en certaine façō de ses Ancestres. Que s'il a essuyé quelques debtes, liquidé sa maison & faict ceste acquisition, l'espargne de son reuenu l'a peu faire, n'estāt pas si petit qu'il ne fust de quatre vingt mille liures reuenans bon tous les ans, & qu'il a laissées nettes & quittes de toutes charges à celuy qui est sa viue image, & qui portera sa tres-illustre substance à la posterité. L'ancien prouerbe dit que, *quod lapis Lydius est auro, id aurum est homini*, ce que la Pierre de touche est à l'or, l'or l'est à l'homme. Par là donc chacun peut recognoistre combien heroïque a esté la vertu de ce grand personnage.

Les Spartiates tenoyent qu'vne vertu estoit à l'espreuue, ou, cōme l'on dit, à chaux & à ciment, quand vn homme auoit passé par les finances sans meliorer sa condition. *Rara auis in terris nigroque simillima cigno.* La France a eu ce Phœnix, & les siecles futurs en louëront Dieu auec autant d'admiration, que les anciens en auoient de voir le fleuue Alphee trauerser la mer sans en prēdre la salure.

Ce sont les considerations, M^r. qui vous doyuent consoler, attendu que ce sont les mesmes pour lesquelles l'autheur de toute grace, le trouuant meur pour le Ciel, l'a retiré de la terre: il s'y ennuyoit il y a long téps, & me disoit souuent, *ie me veux retirer & preparer à la mort*, & l'eust fait sans les propos de ses amis, qui luy remonstroyent qu'il se falloit tenir en la station où la diuine prouidence nous colloque: qu'il seruoit Dieu, l'Eglise, le Roy, & sa patrie: qu'vn tel seruice estoit vne bonne disposition à la mort: que les bons guerriers meurent les armes à la main: ne quittent le chāp de bataille, que la victoire ne leur soit asseurée : qu'il y a deux sortes de Deuotions, l'vne practique, l'autre speculatiue: que comme il seruoit Dieu en le priant, il le prioit en le seruant: que ce qui estoit laborieux aux autres, ne luy estoit que plaisir: que ses cōseils emanez d'vne si longue experience ne luy coustoiēt que le dire: que cela ne l'empescheroit de dōner à Dieu tout le temps qu'il voudroit: & qu'il se prepareroit à faire sa volonté, auec plus de merite. Il acquiesça à ces remonstrances, à condition neantmoins, que l'assemblée de Rouën paracheuee, le monde ne luy seroit plus rien : & il le vous auoit escrit, Mr. en termes expres. En quoy il a dit vray, & comme prognostiqué sa fin. Incontinant aussi qu'il se sentit attaint, il recogneut son heure, & dit que Dieu l'appelloit à soy, & soudain fit son Codicille, ordonna de ses affaires, les regla, se mit entre les mains du Confesseur, receut le Viatique, demanda l'extréme-Onction, & armé de tous les Sacremēs esleua son esprit en Dieu, sans vouloir plus ouyr parler d'autre chose, & en cette sorte rendit son ame à celuy qui l'auoit formee, rachetee, conseruee, & reseruee pour vne meilleure. Tout cecy se passa à Rouën dans la propre demeure du Roy, où il auoit pleu à sa Majesté de le loger. Et dautant qu'il y prononça vne derniere parole, de laquelle ie ne me veux iamais oublier, ie l'ay par exprés voulu apposer en ce lieu, *tamquam supremum vitæ tanti viri oraculum.* C'est, que aucuns de ses domestiques luy faisans entendre que quelques grands Seigneurs des premiers de la Cour estoyent là pour le voir, LAISSEZ, LAISSEZ MOY, (dit-il,) IE N'AY QVE FAIRE DV MONDE LE MONDE EST VN TROMPEVR. O responce memorable! O instruction receuable! O document remarquable! On y peut adiouster par forme de Corollaire vne circonstance de son depart, digne de luy & digne de ce lieu. Le Roy le fit visiter maintefois durant sa maladie ; la derniere fois, le gentil-homme qui estoit venu de la part de sa Majesté, luy disant qu'il print bon courage, qu'il seruiroit encore le Roy & le public, il luy repliqua: Excusez moy, monsieur, si ie ne vous respōs, ie n'ay le loisir de vous entretenir, i'ay vn grand voyage à faire, & le temps qui me reste pour m'y preparer, est fort court. A Dieu, monsieur.

Qui n'essuyeroit maintenant ses larmes, considerant vne si belle fin, & rememorant vne si bonne vie?

Les riuieres, pour grandes qu'elles soyēt, sont amoindries par la deriuation des ruisseaux; vostre douleur M^r. le doit donc estre en la communication de nos regrets, & par le ressentiment public; & en particulier par celuy de nostre S. Pere mesme, lequel a dit souuent, que le bien vniuersel de la Chrestienté auoit interest en la santé & longue vie de celuy qui nous l'a donnée. La France est plus interessee que vous en cette perte: la vostre pour grāde qu'elle soit, ne peut estre que particuliere; celle du Roy & du Royaume est vniuerselle. Et comme nous auons tous ensemble, & chacun en particulier bonne part à ce naufrage; nous sommes aussi tous ensemble tenus de conformer à son exemple nos volontez à celle qui est la norme de toute rectitude. Quād Dieu dispose du sien, il ne fait tort à personne, il nous l'auoit presté & non donné. Nous en auons eu l'vsufruict l'espace de soixāte & quatorze ans, esquels il a comparu dignement sur le Theatre du monde: il vous a laissé, M^r. en sa place; & de vous deux se peut dire ce qui est escrit, *Mortuus est Pater eius, & quasi nō est* Eccli. 30. v. 4.

mortuus, similem enim reliquit sibi post se. Quãd ie voyois à Conflans ou à Paris la belle & plantureuse lignee qu'il a pleu à Dieu vous donner, seant aupres de luy à table, ie rememorois le dire du Psalmiste, *Vxor tua sicut vitis abundans in lateribus domus tuæ : filij tui sicut nouellæ oliuarum in circuitu mensæ tuæ*, Tes enfans seront comme ieunes oliuiers à l'entour de ta table : Puis ie concluois en moy-mesmes, *Ecce sic benedicetur homo qui timet Dominum*, ainsi sera benit le personnage qui craint Dieu. Il auoit vescu honorablement en la Cour temporelle : il deuoit estre honoré & accueilly en l'eternelle. Il auoit esté chery en cette vie des Roys ses maistres : il le deuoit estre en l'immortelle du Roy des Roys, & Monarque des Monarques. Il nous a esté vtile en la terre des mourãs, il estoit meur pour celle des viuans. Il auoit dignement serui l'Eglise Militante, il deuoit donc estre accueilly & recompensé surabondamment en la Triomphante.

Ps. 127. v. 3.

F I N.

www.ingramcontent.com/pod-product-compliance
Lightning Source LLC
Chambersburg PA
CBHW060939050426
42453CB00009B/1096